Tareek Pattewar

Sistema de telemedicina baseado em computador incorporado

Tareek Pattewar

Sistema de telemedicina baseado em computador incorporado

Sistema de Saúde Pública

ScienciaScripts

Imprint

Cover image: www.ingimage.com

This book is a translation from the original published under ISBN 978-3-659-89319-3.

Publisher:
Sciencia Scripts
is a trademark of
Dodo Books Indian Ocean Ltd. and OmniScriptum S.R.L publishing group

120 High Road, East Finchley, London, N2 9ED, United Kingdom
Str. Armeneasca 28/1, office 1, Chisinau MD-2012, Republic of Moldova, Europe
Managing Directors: Ieva Konstantinova, Victoria Ursu
info@omniscriptum.com

Printed at: see last page
ISBN: 978-620-8-59385-8

Conteúdo

CAPÍTULO 1

INTRODUÇÃO

1.1 VISÃO GERAL DO SISTEMA DE TELEMEDICINA BASEADO NUM COMPUTADOR INCORPORADO

T objetivo do sistema de telemedicina baseado num computador incorporado, a monitorização do doente consiste em obter uma avaliação quantitativa das variáveis fisiológicas importantes dos doentes durante os períodos críticos das funções biológicas. Para fins de diagnóstico e investigação, é necessário conhecer o seu valor real ou a tendência de mudança. Os sistemas de telemonitorização são utilizados para medir continuamente ou em intervalos regulares, de forma automática, os valores dos parâmetros fisiológicos importantes do doente. O objetivo a longo prazo da monitorização dos doentes é diminuir a mortalidade e a morbilidade através de

> Organizar e apresentar informações de forma significativa para melhorar os cuidados prestados aos doentes.

> Correlacionar múltiplos parâmetros para uma demonstração clara de problemas clínicos.

> Processar os dados para ativar alarmes sobre o desenvolvimento de condições anómalas.

> Fornecer informações, com base em dados automatizados, sobre a terapia.

> Assegurar melhores cuidados com menos pessoal.

O sistema de telemedicina baseado em computador incorporado trata da monitorização contínua em tempo real e do registo de alguns dos parâmetros como a temperatura corporal, o eletrocardiograma, a pressão sanguínea e a respiração, bem como da sua análise. Com o advento da informatização no domínio biomédico, este projeto tem um âmbito muito vasto, devido à aquisição de dados informatizada, à monitorização e ao controlo nele incorporados. Reduz a carga de trabalho dos médicos e também fornece resultados mais exactos.

1.2 IDEIA BÁSICA

Nos hospitais, as unidades de cuidados especiais, quer sejam designadas por Unidades de Cuidados Intensivos (UCI) ou Unidades de Cuidados Coronários Intermédios (UCCI), são concebidas para oferecer as vantagens de um baixo rácio enfermeiro-doente e da concentração do equipamento e dos recursos necessários para cuidar de doentes em estado crítico ou gravemente feridos. Por conseguinte, deve haver pessoal especialmente treinado que disponha de recursos físicos, complementando as suas competências e capacidades, para lidar com situações de emergência. Como parte deste conceito, foi concebido um controlador modular para efetuar a monitorização de alguns parâmetros biológicos habituais.

Para conceber um sistema de telemedicina, este deve utilizar e apresentar os quatro parâmetros seguintes ao médico em linha.

> Eletrocardiógrafo

> Temperatura

> Tensão arterial

> Respiração

1.3 OBJECTIVO ALCANÇADO ATRAVÉS DO SISTEMA DE TELEMEDICINA

- Introduzir o nome do paciente para fazer o registo do paciente.
- Aplique os sensores no ponto localizado na imagem apresentada no ecrã.
- Registar o ECG da pessoa.
- O ECG é apresentado na moldura do ecrã do computador.
- Se a gravação começar, todos os parâmetros são introduzidos nas bases de dados mantidas para o efeito.
- Uma mensagem de erro ser-lhe-á mostrada quando a ligação se perder.
- Recolher o sensor de temperatura ao mesmo tempo.
- O termómetro digital indica a temperatura do corpo do doente.
- Todos estes parâmetros são facilmente visíveis para os médicos que o tratam.
- Quer registar o ECG de outro doente? É necessário seguir o mesmo procedimento.
- Assegurar a conclusão do registo do ECG.

1.4 REVISÃO DA LITERATURA

É necessário fazer uma breve revisão da anatomia e do sistema de condução do coração. O coração está dividido em quatro câmaras: a aurícula direita, o ventrículo direito, a aurícula esquerda e o ventrículo esquerdo. As câmaras superiores, a aurícula direita e a aurícula esquerda, recebem o sangue das circulações sistémica (corpo) e pulmonar (pulmão), respetivamente. As câmaras superiores têm paredes finas e impulsionam o sangue para os ventrículos direito e esquerdo, respetivamente. Os ventrículos inferiores direito e esquerdo são câmaras de paredes espessas que constituem a maior parte da massa ou peso do coração. O ventrículo direito bombeia o sangue para os pulmões (circulação pulmonar); o ventrículo esquerdo bombeia o sangue para os pulmões (circulação sistémica).

Normalmente, a quantidade de sangue que entra na aurícula direita é a mesma quantidade que entra na aurícula esquerda. Ambas as aurículas se contraem (coice arterial) para impulsionar o sangue para os respectivos ventrículos. Os ventrículos direito e esquerdo contactam entre si para bombear o sangue para as circulações pulmonar e sistémica. Um batimento cardíaco normal consiste na contração de ambas as aurículas seguida da contração de ambos os ventrículos. Este processo ordenado de contração é iniciado e mantido pelas forças eléctricas do coração, que são registadas pelo eletrocardiograma ou ECG.

Formação e condução de impulsos

O ECG é simplesmente uma visualização das correntes eléctricas que são geradas pelo coração e que se propagam através do tecido circundante até à superfície do corpo. Os impulsos eléctricos são captados pelos eléctrodos de superfície e são depois registados no ECG.

Envolvidos no processo de formação de impulsos eléctricos, condução e contração mecânica estão três tipos de células cardíacas:

1. As células de pacemaker iniciam os impulsos eléctricos. Normalmente, as células de pacemaker no nó senatorial (SA) iniciam a sequência eléctrica; no entanto, existem outras células de pacemaker localizadas em todo o coração.

2. As células condutoras especializadas conduzem os impulsos eléctricos. O sistema de condução especializado consiste no nódulo SA, nas vias inter-nodais arteriais, no nódulo átrio-ventricular (AV), no feixe de Hits, nos ramos direito e esquerdo do feixe, nos fascículos anterior e posterior esquerdos e nas fibras de Purkinje.

3. As células musculares têm as funções de condução eléctrica e de contração mecânica; estas células constituem a maior parte da massa dos átrios e dos ventrículos.

As células de pacemaker e as células condutoras especializadas transmitem impulsos demasiado rápidos para serem registados no ECG. É importante salientar que o ECG de superfície regista a atividade eléctrica apenas das células musculares. A estimulação das células musculares provoca uma contração mecânica, que produz o batimento cardíaco normal.

Sistema de condução atrial:

Os impulsos eléctricos têm normalmente origem no nódulo SA. Este é o pacemaker primário do coração e está localizado na parte superior da aurícula direita. Os impulsos, no seu caminho para o nódulo AV, percorrem três vias principais de condução inter-nodal dentro e à volta de ambas as aurículas (vias inter-nodais anterior, média e posterior) e numa via denominada feixe de Bachmann que conduz à aurícula esquerda.

A estimulação das células musculares de condução mais lenta de ambos os átrios produz a onda P no ECG. A onda P representa a excitação eléctrica das células musculares auriculares. Esta estimulação eléctrica é seguida de uma contração mecânica das aurículas.

Os impulsos eléctricos nas aurículas convergem para baixo na aurícula direita, onde entram no nódulo AV (também chamado junção AV). O nódulo AV actua como uma estação de passagem, uma "área de atraso", onde os impulsos de ambos os átrios são abrandados. Este atraso dá tempo para que as aurículas se contraiam e impulsionem ("pontapé") o seu conteúdo para os respectivos ventrículos.

Sistema de condução ventricular

Após o breve atraso no nó AV, os impulsos seguem por uma via condutora especializada chamada feixe de Hits. O feixe de Hits divide-se rapidamente em duas vias: o feixe direito, ramo (RBB), que atravessa o ventrículo esquerdo.

O LBB principal curto divide-se ainda em fascículos anterior e posterior, que irrigam as regiões anterior-superior e posterior-inferior do ventrículo esquerdo, respetivamente. Tanto o RBB como o LBB dividem-se em ramos mais pequenos e, finalmente, no sistema condutor terminal nos ventrículos, denominado células de Purkinje. A partir das células de Purkinje, as células musculares de ambos os ventrículos são estimuladas, o que produz o complexo QRS no ECG. O complexo QRS representa a excitação eléctrica das células musculares ventriculares. Esta excitação eléctrica das células musculares é seguida pela contração mecânica dos ventrículos.

Pontas de ECG:

O ECG convencional regista 12 derivações. Estas doze derivações consistem no seguinte:

1. Seis derivações dos membros ou extremidades designadas derivações padrão dos membros I, II, III e derivações unipolares dos membros a VR, aVL e aVF. Estas derivam de eléctrodos colocados no braço direito, no braço esquerdo e na perna esquerda. O elétrodo da perna direita funciona como elétrodo de ligação à terra.

2. Seis derivações torácicas ou precordiais designadas V1, V2, V3, V4, V5 e V6. Estas derivam de seis eléctrodos colocados no tórax em áreas designadas.

O aparelho de ECG convencional regista uma derivação de cada vez. Outras máquinas podem registar simultaneamente 3 derivações, 6 derivações ou 12 derivações.

1.5 RESUMO

Neste capítulo, apresentámos a ideia básica de como se processa o registo do ECG. À medida que avançamos, discutiremos em pormenor o que o sistema proposto utiliza especificamente para visualizar o ECG e a temperatura do corpo do doente.

Nos capítulos seguintes, veremos os pormenores sobre as caraterísticas do sistema completo de exploração do corpo. No capítulo 2, o método utilizado para registar o ECG e o termómetro digital. No capítulo três, veremos exatamente como gravar o ECG e visualizar a temperatura e como manter os registos nas bases de dados. No capítulo quatro, veremos todos os resultados experimentais do projeto e as imagens dos ecrãs. O capítulo cinco apresenta as conclusões e o futuro do nosso projeto.

CAPÍTULO 2

CARACTERÍSTICAS DO SISTEMA DE TELEMEDICINA

2.1UMA BREVE ANÁLISE DA METODOLOGIA UTILIZADA

2.1.1 Pesquisa bibliográfica

De acordo com Tony Gardner-Medwin, o ECG é uma diferença de tensão, registada entre duas placas metálicas ou *eléctrodos* na superfície do corpo, normalmente em dois membros. São utilizados diferentes pares de eléctrodos para registar os sinais descritos como *"Chumbo I", "Chumbo IL"* e *"Chumbo ILL"*. Por exemplo, a derivação I regista a tensão no braço esquerdo menos a tensão no braço direito. Os 3 padrões são apresentados no diagrama. Existe um código de cores normalizado para ligar os fios aos eléctrodos de cada membro. O aparelho da aula utiliza apenas um *amplificador* e um interrutor liga-o a um dos 3 padrões. Note que, em cada fio, o traço sobe quando o elétrodo "+" é mais positivo do que o elétrodo "-". Os sinais no sentido inverso farão com que o traço desça. Ligue os eléctrodos ao seu sujeito utilizando gelatina de eléctrodos (uma solução salina forte) para estabelecer um contacto elétrico de baixa resistência. Coloque os eléctrodos nas partes "carnudas" e não "ósseas" dos membros para obter o melhor contacto. Caso contrário, é indiferente a posição dos eléctrodos no membro.

Pontas de ECG:

O ECG convencional regista 12 derivações. Estas doze derivações consistem no seguinte:

1. Seis derivações dos membros ou extremidades designadas derivações padrão dos membros I, II, III e derivações unipolares dos membros a VR, aVL, aVF. Estas derivações são obtidas a partir de eléctrodos colocados no braço direito, no braço esquerdo e na perna esquerda. O elétrodo da perna direita funciona como elétrodo de ligação à terra.

2. Seis derivações torácicas ou precordiais designadas V1, V2, V3, V4, V5 e V6. Estas derivam de seis eléctrodos colocados no tórax em áreas designadas.

O aparelho de ECG convencional regista uma derivação de cada vez. Outras máquinas podem registar 3 derivações, 6 derivações ou 12 derivações em simultâneo. Colocação de eléctrodos:

A colocação dos eléctrodos nos membros é mostrada (Fig. 2.1). Os eléctrodos são colocados no braço direito (RA), no braço esquerdo (LA) e na perna esquerda (LL). O elétrodo da perna direita (RL) é um elétrodo de terra. O elétrodo em cada extremidade regista as forças eléctricas do coração, visto da junção dessa extremidade com o corpo. Por outras palavras, os eléctrodos do braço direito e esquerdo registam as forças apresentadas nos ombros direito e esquerdo, respetivamente; o elétrodo da perna esquerda regista as forças apresentadas na coxa esquerda. Por exemplo, um doente com uma amputação da coxa esquerda pode ter o elétrodo colocado acima do local da amputação sem alterar o ECG.

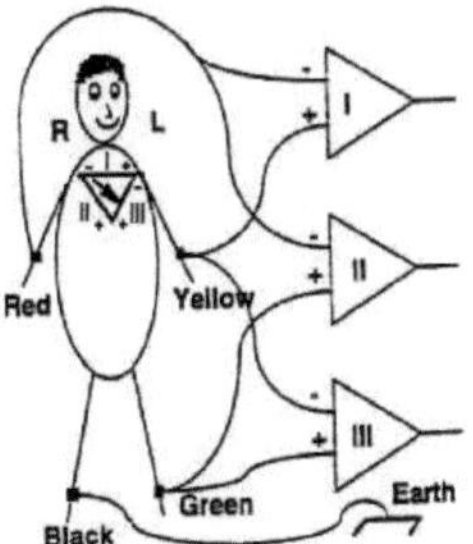

Figura 2.1 Natureza do ECG

Fios padrão dos membros:

As seis derivações dos membros estão divididas em três derivações bipolares e três unipolares. As derivações bipolares são designadas por derivações padrão I, II e III. Cada derivação bipolar é, na realidade, um traçado das forças eléctricas registadas entre duas extremidades ao mesmo tempo. As derivações unipolares registam as forças eléctricas de uma extremidade de cada vez em relação a um terminal central. As ilustrações mostram as três derivações bipolares padrão (I, II, III) e os dois eléctrodos dos membros que são utilizados para registar cada derivação bipolar:

Conduta I: braço direito para braço esquerdo

Conduta II: do braço direito para a perna esquerda

Conduta III: do braço esquerdo para a perna esquerda

Cada derivação bipolar (I, II ou III) tem uma extremidade positiva (+) e uma extremidade negativa (-) designadas que devem ser recordadas. Arbitrariamente, o braço esquerdo é positivo na derivação I, e a perna esquerda é positiva nas derivações II e III.

Triângulo de Einthoven:

As três derivações padrão (I, II, III) podem ser transpostas para um triângulo equilátero chamado triângulo de Einthoven. O conceito do triângulo de Einthoven postula que as três derivações limn formam um triângulo equilátero com o coração no centro do triângulo. Quando os três do triângulo são transpostos para um ponto central comum, é produzido um sistema de referência triaxial (três eixos) (Fig. 2.1). Este sistema de referência é útil para determinar o eixo.

2.2 SISTEMA COMPLETO DE TELEMEDICINA

O diagrama de blocos do sistema completo de exploração do corpo é apresentado na fig. 2.2 e é constituído pelos seguintes blocos

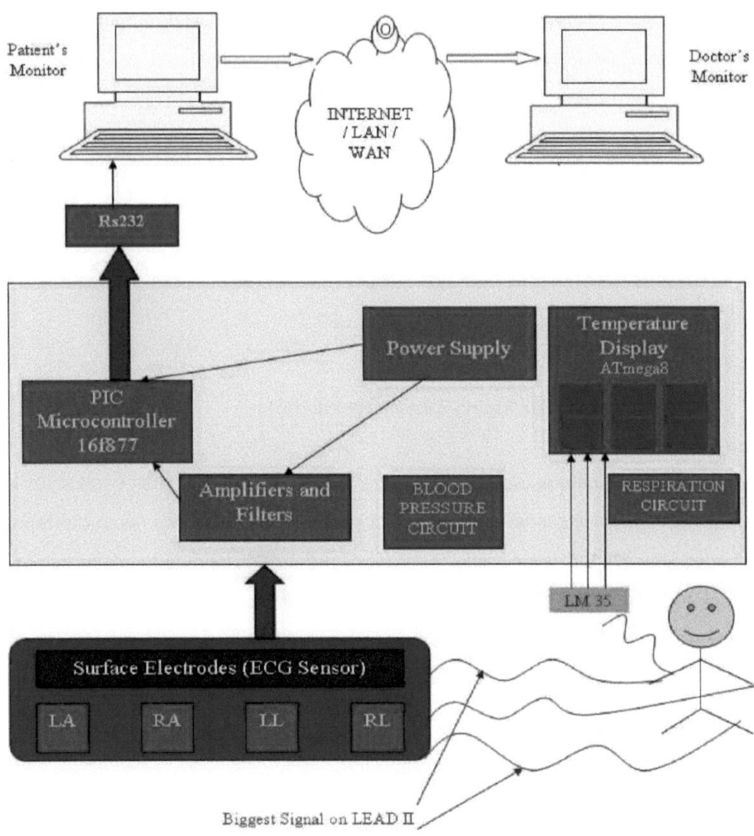

Figura 2.2 Diagrama de blocos do sistema de telemedicina baseado num computador incorporado

2.2.1 Medição da temperatura corporal

O termístor é utilizado para a medição da temperatura corporal e respiratória. Este termístor é um transdutor passivo cuja saída depende da tensão de excitação que lhe é aplicada. No circuito, colocámos o termístor sob a forma de um condutor de potencial. Este termístor apresenta uma grande mudança de resistência com a alteração da temperatura corporal. Inicialmente, a peça de hardware é calibrada à temperatura ambiente. A parte do termístor é ligada ao doente cuja temperatura tem de ser medida, o que altera o valor da resistência e, assim, a alteração correspondente da temperatura é apresentada no monitor. Se a temperatura exceder o limite, o alarme indica-o. No nosso projeto, utilizamos um termistor de esferas.

2.2.2 Eletrocardiograma (ECG)

Trata-se de um sistema de monitorização de ECG de três derivações, com tensões provenientes de dois sensores mantidos em várias partes do corpo, sendo todos os sinais condicionados por uma placa externa e transmitidos ao PC através de um PIC. Foi desenvolvido um programa interativo em Visual

Basic para ler os sinais de tensão e num padrão de forma de onda. Os três fios utilizados são eléctrodos de prata.

2.2.3 Medição da tensão arterial

Quanto à deteção do sinal de pressão arterial, o sensor de pressão MPX5050GP é utilizado para detetar o sinal de pressão arterial. A bomba de ar controlada pelo MCU bombeia a ligadura com ar e, em seguida, o MCU regula a válvula de purga para libertar o ar. O sensor de pressão MPX5050GP é utilizado para detetar a pressão do ar no interior da ligadura e pode obter o sinal primário da pressão arterial, que precisa de ser filtrado pelo circuito analógico necessário para remover o ruído, e obtém-se o protótipo do sinal da pressão arterial. O protótipo do sinal de pressão arterial é convertido em sinal digital e o computador incorporado pode processar e calcular o sinal com a aritmética do gráfico de oscilação para obter o valor da pressão arterial do doente.

2.2.4 Medição da respiração

A s para a deteção do sinal respiratório, o método de impedância de quatro pólos é adotado para adquirir o sinal respiratório. Injectando uma pequena corrente sinusoidal de 50 KHz e 1mA no tórax do doente, o instrumento amplificador PGA206 é utilizado para detetar o sinal de impedância do tórax do doente. O sinal de variação da impedância tem de ser amplificado e a parte DC tem de ser removida pelo circuito analógico, obtendo-se então o sinal respiratório primário. Converter o sinal respiratório analógico em sinal digital e utilizar um algoritmo digital para processar o sinal no computador incorporado e apresentar a forma de onda no ecrã LCD.

2.2.5 SISTEMA DE CONTROLO DA DISPONIBILIDADE DOS MÉDICOS:

Sempre que são necessários cuidados intensivos, deve haver um contador pronto para ver a disponibilidade dos médicos em causa. A qualquer momento, o centro de monitorização está pronto para mostrar as caraterísticas do ECG do doente, bem como a temperatura corporal, respetivamente.

2.3RESUMO

O capítulo fornece um conhecimento aprofundado sobre a metodologia utilizada e as suas vantagens e desvantagens. No máximo, todas estas metodologias foram implementadas de forma extensiva. Por isso, estamos a propor a implementação de um método que reduza o tamanho do sistema e supere as vantagens e desvantagens dos métodos anteriores.

Assim, na literatura, verificámos que a maioria das medições de ECG existentes se baseia em três derivações bipolares padrão (I, II, III) e nos dois eléctrodos dos membros que são utilizados para registar cada derivação bipolar. Assim, o capítulo seguinte descreve o método atual e a forma como este deve ser efectuado com o sinal de amostragem e a unidade de visualização da temperatura.

3.1ABORDAGEM PROPOSTA

Na abordagem proposta, iremos discutir o método proposto e a sua metodologia. O método proposto é utilizado para registar o ECG e mostrar a temperatura do corpo do doente. O módulo global está dividido em diferentes etapas.

A estratégia a utilizar para este problema específico é:

Passo 1: Em primeiro lugar, o doente deve sentar-se numa cadeira com encosto ou deitar-se, numa posição confortável e descontraída.

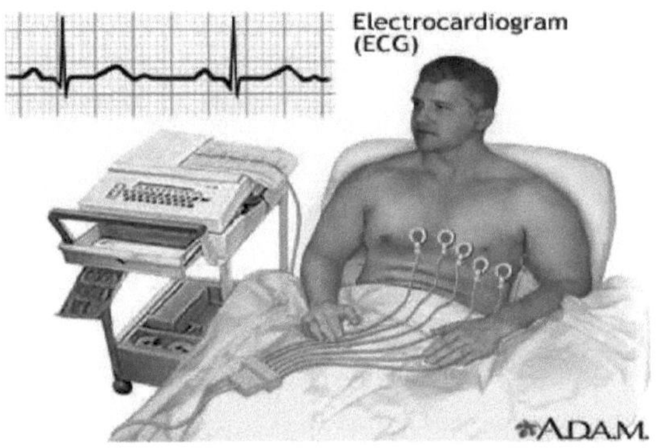

Figura 3.1: Posição relaxada do doente durante a realização do ECG

Passo 2: Iniciar o software da aplicação front-end capaz de detetar o comportamento do doente em termos de registo do ECG. Em seguida, fixou os sensores no local adequado do corpo (principalmente no braço direito e na perna esquerda) e observou o ECG, quer este estivesse em boas condições, quer demorasse algum tempo a apresentar o gráfico no centro de monitorização.

Passo 3: No passo 2, observou-se a forma correta do ECG. Caso contrário, ajustam-se os sensores em diferentes posições para obter o gráfico de ECG corrigido conforme necessário e, em seguida, regista-se na base de dados do paciente.

Passo 4: Depois de aplicar o passo 3, o termistor é ligado ao corpo do doente e apresenta a temperatura do corpo na unidade de visualização de sete segmentos. O fluxograma pormenorizado é explicado na figura 3.2.

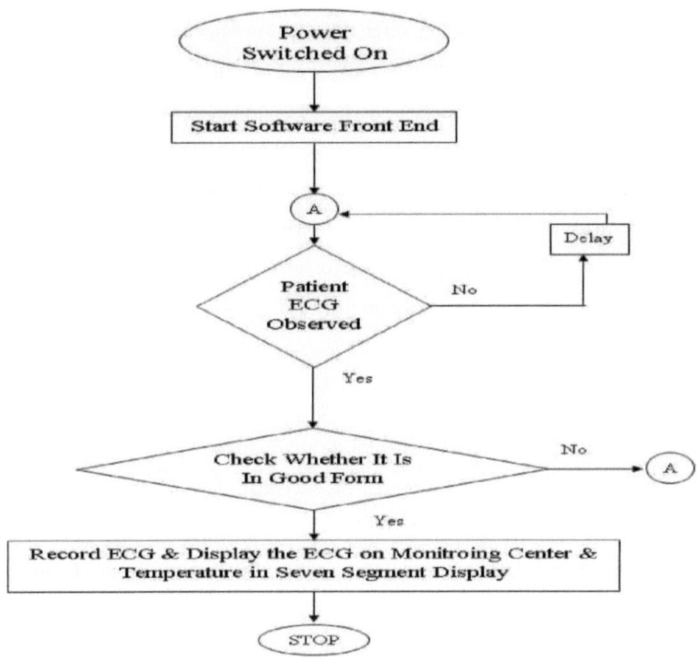

Figura 3.2 Fluxogramas pormenorizados do registo do ECG e da visualização da temperatura

3.2METODOLOGIA

O projeto divide-se ainda em duas partes, ou seja, uma unidade de processamento de amostras de ECG e uma unidade de temperatura. O centro de monitorização é responsável pela recolha do gráfico de ECG do doente em tempo real, e este último termina o processamento a alta velocidade e a recolha dos mesmos dados em bases de dados.

3.2.1 Registo de ECG

Trata-se de um sistema de monitorização de ECG de três derivações, com tensões provenientes de dois sensores mantidos em várias partes do corpo, sendo todos os sinais condicionados por uma placa externa e transmitidos ao PC através de um PIC. Foi desenvolvido um programa interativo em Visual Basic para ler os sinais de tensão e num padrão de forma de onda. Os três fios utilizados são eléctrodos de prata

Para a medição do ECG, é utilizado um elétrodo de cloreto de prata e prata. Uma das caraterísticas importantes e desejáveis dos eléctrodos concebidos para captar sinais de objectos biológicos é que não devem polarizar-se. Isto significa que o potencial do elétrodo não deve variar consideravelmente, mesmo quando é passada corrente através deles. Verificou-se que os eléctrodos feitos de cloreto de prata-prata produzem padrões de desempenho aceitáveis. Preparando e selecionando adequadamente os eléctrodos, foram produzidos pares com diferenças de potencial entre eles de apenas fracções de um mili volt. Foi obtida uma tensão de repouso não superior a 0,1 mV, com um desvio de cerca de 0,5 mV ao longo de 30 minutos, em eléctrodos de cloreto de prata-prata adequadamente selecionados. Os eléctrodos de cloreto de prata-prata também não são tóxicos e são preferidos a outros eléctrodos, como o sulfato de zinco-zinco, que também produzem caraterísticas de baixo potencial de desvio, mas são altamente tóxicos para os tecidos expostos. Os eléctrodos de cloreto de prata-prata satisfazem as exigências da prática médica com os seus parâmetros altamente reprodutíveis e propriedades superiores no que diz respeito à estabilidade a longo prazo.

3.2.2 Temperatura do ecrã

O termístor é utilizado para detetar a temperatura do corpo. A razão é a boa sensibilidade, a rigidez e o baixo custo. O termístor é constituído por óxidos de antimónio, bismuto e titânio. O termístor é um transdutor passivo cujo O/P depende da tensão de excitação que lhe é aplicada. Se a tensão de excitação variar em relação à tensão de alimentação, a O/P do termístor altera-se, apesar de não haver alteração da temperatura corporal. Essencialmente, é fornecida ao termístor uma fonte de tensão de excitação constante que não se altera em função da alteração da tensão de alimentação.

3.2.3 Centro de Monitorização

Mesmo que todos os parâmetros sejam processados através de um microcontrolador PIC, a unidade de visualização utilizada será um ecrã de sete segmentos ou um ecrã LCD. Com estes dispositivos, não é possível tornar os parâmetros mais eficazes. Para que os parâmetros sejam ilustrados de forma mais eficaz no ecrã, podemos optar por um PC em vez de um ecrã LCD. Assim, para ligar um PC à nossa unidade de microcontrolador, precisamos de um interface RS232. Aqui usámos o MAX232 como chip de interface série.

3.3ANATOMIA

É necessário fazer uma breve revisão da anatomia e do sistema de condução do coração. O coração está dividido em quatro câmaras: a aurícula direita, o ventrículo direito, a aurícula esquerda e o ventrículo esquerdo. As câmaras superiores, a aurícula direita e a aurícula esquerda, recebem o sangue das circulações sistémica (corpo) e pulmonar (pulmão), respetivamente. As câmaras superiores têm paredes finas e impulsionam o sangue para os ventrículos direito e esquerdo, respetivamente. Os ventrículos inferiores direito e esquerdo são câmaras de paredes espessas que constituem a maior parte da massa ou peso do coração. O ventrículo direito bombeia o sangue para os pulmões (circulação pulmonar); o ventrículo esquerdo bombeia o sangue para os pulmões (circulação sistémica).

Normalmente, a quantidade de sangue que entra na aurícula direita é a mesma quantidade que entra na aurícula esquerda. Ambas as aurículas se contraem (coice arterial) para impulsionar o sangue para os respectivos ventrículos. Os ventrículos direito e esquerdo contactam entre si para bombear o sangue para as circulações pulmonar e sistémica. Um batimento cardíaco normal consiste na contração de ambas as aurículas seguida da contração de ambos os ventrículos. Este processo ordenado de contração é iniciado e mantido pelas forças eléctricas do coração, que são registadas pelo eletrocardiograma ou ECG.

3.3.1 Formação e condução de impulsos

O ECG é simplesmente uma visualização das correntes eléctricas que são geradas pelo coração e que se propagam através do tecido circundante até à superfície do corpo. Os impulsos eléctricos são captados pelos eléctrodos de superfície e são depois registados no ECG.

Envolvidos no processo de formação de impulsos eléctricos, condução e contração mecânica estão três tipos de células cardíacas:

1. As células de pacemaker iniciam os impulsos eléctricos. Normalmente, as células de pacemaker no nó senatorial (SA) iniciam a sequência eléctrica; no entanto, existem outras células de pacemaker localizadas em todo o coração.

2. As células condutoras especializadas conduzem os impulsos eléctricos. O sistema de condução especializado consiste no nódulo SA, nas vias inter-nodais atriais, no nódulo atrioventricular (AV), no feixe de Hits, nos ramos direito e esquerdo do feixe, nos fascículos anterior e posterior esquerdos e nas fibras de Purkinje.

3. As células musculares têm as funções de condução eléctrica e de contração mecânica; estas células constituem a maior parte da massa dos átrios e dos ventrículos.

As células de pacemaker e as células condutoras especializadas transmitem impulsos demasiado rápidos para serem registados no ECG. É importante salientar que o ECG de superfície regista a atividade eléctrica apenas das células musculares. A estimulação das células musculares provoca uma contração mecânica, que produz o batimento cardíaco normal.

3.3.2 Derivações de ECG

O ECG convencional regista 12 derivações. Estas doze derivações consistem no seguinte:

1. Seis derivações dos membros ou extremidades designadas derivações padrão dos membros I, II, III e derivações unipolares dos membros a VR, aVL e aVF. Estas derivam de eléctrodos colocados no braço direito, no braço esquerdo e na perna esquerda. O elétrodo da perna direita funciona como elétrodo de ligação à terra.

2. Seis derivações torácicas ou precordiais designadas V1, V2, V3, V4, V5 e V6. Estas derivam de seis eléctrodos colocados no tórax em áreas designadas.

O aparelho de ECG convencional regista uma derivação de cada vez. Outras máquinas podem registar 3 derivações, 6 derivações ou 12 derivações em simultâneo.

3.3.3 Colocação de eléctrodos

A colocação dos eléctrodos dos membros é mostrada (Figura 2.1). Os eléctrodos são colocados no braço direito (RA), no braço esquerdo (LA) e na perna esquerda (LL). O elétrodo da perna direita (RL) é um elétrodo de terra. O elétrodo em cada extremidade regista as forças eléctricas do coração, visto da junção dessa extremidade com o corpo. Por outras palavras, os eléctrodos do braço direito e esquerdo registam as forças apresentadas aos ombros direito e esquerdo, respetivamente; o elétrodo da perna esquerda regista as forças apresentadas à coxa esquerda. Por exemplo, um doente com uma amputação da coxa esquerda pode ter o elétrodo colocado acima do local da amputação sem alterar o ECG.

3.3.4 Cabos de membro padrão

As seis derivações dos membros estão divididas em três derivações bipolares e três unipolares. As derivações bipolares são designadas por derivações padrão I, II e III. Cada derivação bipolar é, na realidade, um traçado das forças eléctricas registadas entre duas extremidades ao mesmo tempo. As derivações unipolares registam as forças eléctricas de uma extremidade de cada vez em relação a um terminal central. As ilustrações mostram as três derivações bipolares padrão (I, II, III) e os dois eléctrodos dos membros que são utilizados para registar cada derivação bipolar:

Conduta I: braço direito para braço esquerdo

Conduta II: do braço direito para a perna esquerda

Conduta III: do braço esquerdo para a perna esquerda

Cada derivação bipolar (I, II ou III) tem uma extremidade positiva (+) e uma extremidade negativa (-) que deve ser recordada. Arbitrariamente, o braço esquerdo é positivo na derivação I, e a perna esquerda é positiva nas derivações II e III.

3.3.5 Triângulo de Einthoven

As três derivações padrão (I, II, III) podem ser transpostas para um triângulo equilátero denominado triângulo de Einthoven. O conceito de triângulo de Einthoven postula que as três derivações limn formam um triângulo equilátero com o coração no centro do triângulo, como se mostra na figura 3.3 (a) e o traçado normal do ECG é mostrado na figura 3.3 (b).

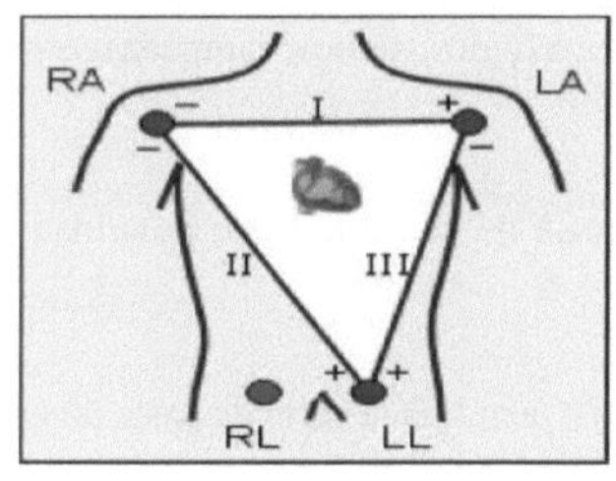

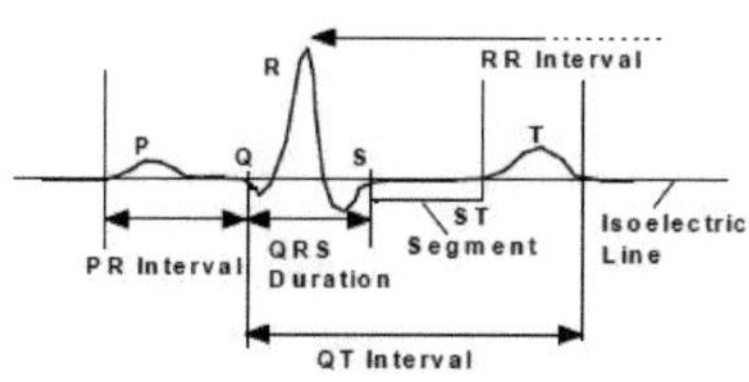

Figura 3.3(a) Triângulo de Einthoven Figura 3.3(b) Traçado normal de ECG mostrando os componentes de um complexo de ECG

Quando os três do triângulo são transpostos para um ponto central comum, obtém-se um sistema de referência triaxial (três eixos). Este sistema de referência é útil para determinar o eixo.

Nomenclatura ECG

A nomenclatura das deflexões e ondas no ECG normal inclui o seguinte, como mostra a figura 3.3(b).

Onda P: despolarização das aurículas direita e esquerda.

Complexo QRS: despolarização dos ventrículos direito e esquerdo.

Segmento ST: início da repolarização ventricular medido a partir do final do segmento

Complexo QRS até o início da onda T. O início do segmento ST é denominado ponto J.

Onda T: repolarização dos ventrículos direito e esquerdo.

Onda U: nem sempre é observada, mas quando presente, segue imediatamente a onda T e provavelmente representa a repolarização tardia.

Dois pontos importantes a ter em conta são os seguintes:

1. Os ventrículos contêm a maior parte do músculo ou massa térmica (o ventrículo esquerdo muito mais do que o direito), e esta é a razão pela qual o complexo QRS é muito maior do que a onda P.

2. A deflexão que representa a repolarização dos átrios é pequena e geralmente está enterrada no complexo QRS, que é muito maior.

Artefactos:

Uma vez que a unidade de ECG é um dispositivo sensível, pode captar sinais eléctricos indesejados, que podem modificar os sinais reais de ECG. Embora a interferência de CA seja reduzida através do aumento do CMRR do bioamplificador, o operador, antes de registar o ECG, deve verificar os seguintes aspectos

i) Certifique-se de que o doente não toca nem entra em contacto com qualquer objeto metálico, como a grade da cama, o suporte da cama ou o mobiliário.

ii) Retirar ou desligar qualquer outra aplicação eléctrica, como relógios, rádios, lâmpadas, etc., na proximidade do doente.

iii) Se forem utilizados aparelhos de ECG adicionais, certifique-se de que o teste de polaridade foi efectuado antes de ligar o cabo ao doente.

iv) Certifique-se de que todos os eléctrodos foram aplicados com a quantidade certa de pasta ou geleia e que todas as correias dos eléctrodos estão suficientemente apertadas.

v) Certificar-se de que o doente se encontra numa condição confortável e relaxada. Se o doente não estiver completamente relaxado, pode produzir-se um traçado instável.

3. 4 CONCEPÇÃO DO SISTEMA

As explicações pormenorizadas dos componentes são as seguintes

3.4.1 MICROCONTROLADOR PIC 16F877

O microcontrolador tem muitas mais razões para ser utilizado do que os microprocessadores. A diferença entre os microprocessadores e os microcontroladores é apresentada a seguir.

Diferença entre microprocessadores e microcontroladores

MICROPROCEESOR	MICROCONTROLADOR
1. Sem memória	Tem ROM e RAM separadas
2. Sem portas de E/S	Portas embutidas disponíveis
3. Sem temporizadores	Temporizadores internos disponíveis
4. Sem porta de série	Comunicação em série integrada
5. Arquitetura Von Neumann	Arquitetura de Harvard

Para além dos microcontroladores normais, a família PIC suporta mais funcionalidades, pelo que escolhemos o PIC 16F877 como controlador principal. As caraterísticas principais e os periféricos são apresentados em seguida. **Caraterísticas principais**

- CPU RISC de elevado desempenho
- Apenas 35 instruções de uma única palavra para aprender
- Todas as instruções de ciclo único, exceto as ramificações de programa que são de dois ciclos
- Velocidade de funcionamento: DC - entrada de relógio de 20 MHz

DC - ciclo de instrução de 200 ns

- Até 8K x 14 palavras de memória de programa FLASH,

Até 368 x 8 bytes de memória de dados (RAM)

- Capacidade de interrupção (até 14 fontes)
- Modos de endereçamento direto, indireto e relativo
- Reposição de energia (POR)
- Temporizador de arranque (PWRT) e

Temporizador de arranque do oscilador (OST)

- Acesso de leitura/escrita do processador à memória do programa
- Ampla gama de tensões de funcionamento: 2,0V a 5,5V
- Baixo consumo de energia:

- < 0,6 mA típico a 3 V, 4 MHz
- < 1 MA corrente de espera típica

Caraterísticas periféricas

- Temporizador0: Temporizador/contador de 8 bits com pré-escalonamento de 8 bits
- Timerl: Temporizador/contador de 16 bits com pré-escalonamento, pode ser incrementado durante o SLEEP
- Temporizador2: Temporizador/contador de 8 bits com registo de período de 8 bits, pré-escalonador e pós-escalonador
- Conversor analógico-digital multicanal de 10 bits
- Porta série síncrona (SSP) com SPI (modo mestre) e I^2C (mestre/escravo)
- Transmissor recetor assíncrono síncrono universal (USART/SCI) com deteção de endereço de 9 bits
- Porta Paralela Escrava (PSP) 8 bits de largura, com controlos externos RD, WR e CS (apenas 40/44 pinos)

Visão geral do dispositivo

Este documento contém informações específicas do dispositivo. Podem ser encontradas informações adicionais no PICmicro™ Mid-Range Reference Manual (DS33023). Existem quatro dispositivos (PIC16F873, PIC16F874, PIC16F876 e PIC16F877) abrangidos por esta folha de dados. Os dispositivos PIC16F877/874 são fornecidos em pacotes de 40 pinos. A Porta Paralela Escrava não está implementada nos dispositivos de 28 pinos.

Diagrama de pinos

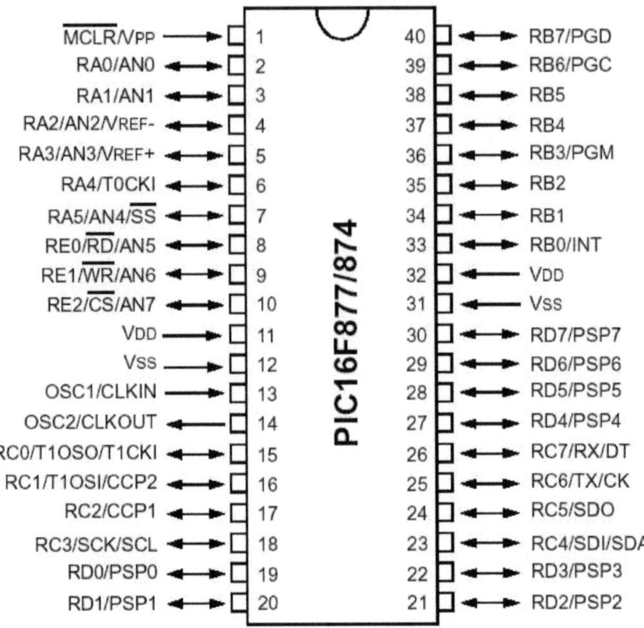

Figura 3.4 Diagrama de pinos do PIC 16F877

Atribuição de portas para o PIC 16f877

O PIC 16F877 tem cinco portas de E/S, nomeadamente PORTA, PORTB, PORTC, PORT D, PORT E. Alguns pinos para estas portas de E/S são multiplexados com uma função alternativa para as caraterísticas periféricas do dispositivo. Em geral, quando um periférico está ativado, esse pino não pode ser utilizado como pino de E/S de uso geral. Neste projeto, estão a ser executados cinco modos de operações: modelo - inicialização digital, modo 2 - inicialização analógica, modo 3 - leitura digital, modo 4 - leitura analógica, modo 5 - escrita digital.

Portas de E/S

Alguns pinos para estas portas de E/S são multiplexados com uma função alternativa para as funcionalidades de periférico no dispositivo. Em geral, quando um periférico está ativado, esse pino não pode ser utilizado como um pino de E/S de uso geral.

PORT A e o Registo TRISA

PORT A é uma porta bidirecional de 6 bits e o registo de direção de dados correspondente é TRISA. A definição de um bit TRISA (=1) tornará o pino PORT A correspondente numa entrada, o que coloca o controlador de saída correspondente num modo de alta impedância. Limpar um bit TRISA (=0) fará com que o pino PORT A correspondente seja uma saída. A leitura do registo PORT A permite ler o estado dos pinos, enquanto que a escrita no mesmo permite escrever no latch da porta. Todas as operações de escrita são operações de leitura - modificação - escrita. Por conseguinte, uma escrita num porto implica que os pinos do porto são lidos; este valor é modificado e depois escrito no trinco de dados do porto.

Registo PORT B e TRISB

PORT B é uma porta bidirecional com 8 bits de largura. O registo de direção de dados correspondente é TRISB. A definição de um bit TRISB (=1) tornará o pino PORTB correspondente numa entrada. Isto é, coloca o controlador de saída correspondente num modo de alta impedância. Limpar um bit TRISB (=0) fará com que o pino PORTB correspondente se torne uma saída. Ou seja, coloca o conteúdo do trinco de saída no pino selecionado.

Registo PORT C e TRISC

PORT C é uma porta bidirecional de 8 bits de largura. O registo de dados correspondente é TRISC. A definição de um bit TRISC (=1) tornará o pino PORT C correspondente numa entrada. Isto é, coloca o controlador de saída correspondente num modo de alta impedância.

Registos PORT D e TRISD

PORT D é uma porta de 8 bits com buffers de entrada Schmitt Trigger. Cada pino é configurável individualmente como uma entrada ou saída. A porta D pode ser configurada como uma porta de microprocessador de 8 bits de largura (porta escrava paralela) definindo o bit de controlo PSPMODE. Neste modo, os buffers de entrada são TTL.

Registo PORT E e TRISE

A porta E tem três bits que podem ser configurados individualmente como entrada ou saída. Estes pinos deram buffers de entrada de disparo Schmitt. O PORT E de E/S torna-se I/P de controlo para a porta do microprocessador quando o modo PSP está definido. Os pinos da porta E são multiplexados com entradas analógicas. Quando selecionados como uma entrada analógica, estes pinos são lidos como zeros.

Transmissor recetor assíncrono síncrono universal endereçável (UASART)

O módulo Universal Synchronous Asynchronous Receiver Transmitter (USART) é um dos dois módulos de E/S de série. (A USART pode ser configurada como um sistema assíncrono full duplex que pode comunicar com dispositivos periféricos, tais como terminais CRT e computadores pessoais, ou pode ser configurada como um sistema síncrono half duplex que pode comunicar com dispositivos periféricos, tais como circuitos integrados A/D ou D/A, EEPROMs em série, etc. A USART pode ser configurada nos seguintes modos:

- Assíncrono (full duplex)
- Síncrono - Mestre (half duplex)
- Síncrono - Escravo (half duplex)

O bit SPEN (RCSTA<7>) e os bits TRISC<7:6> têm de ser definidos para configurar os pinos RC6/TX/CK e RC7/RX/DT como Transmissor de Recetor Assíncrono Síncrono Universal. O módulo USART também tem uma capacidade de comunicação multiprocessador utilizando a deteção de endereços de 9 bits.

TXSTA: Registo de controlo e estado da transmissão (Endereço 98h)

R/W-0	R/W-0	R/W-0	R/W-0	U-0	R/W-0	R-1	R/W-0
CSRC	TX9	TXEN	SYNC	—	BRGH	TRMT	TX9D
it 7							bit (

bit 7 **CSRC:** Bit de seleção da fonte de relógio

Modo assíncrono: Não importa

Modo síncrono:

1 = Modo principal (relógio gerado internamente a partir de BRG)

0 = Modo escravo (relógio de fonte externa)

bit 6 **TX9**: Bit de habilitação de transmissão de 9 bits

1 = Seleciona a transmissão de 9 bits

0 = Seleciona a transmissão de 8 bits

bit 5 **TXEN**: Bit de ativação da transmissão

1 = Transmissão activada

0 = Transmissão desactivada

bit 4 **SYNC**: Bit de seleção do modo USART

1 = Modo síncrono

0 = Modo assíncrono

bit 2 **BRGH**: Bit de seleção de taxa de transmissão alta

Modo assíncrono:

1 = Alta velocidade

0 = Velocidade baixa

Modo síncrono: Não utilizado neste modo

bit 1 **TRMT**: Bit de estado do Registo de Desvio de Transmissão

1 = TSR vazio

0 = TSR cheio

bit 0 **TX9D:** 9º bit de dados de transmissão, pode ser um bit de paridade

RCSTA: Registo de controlo e estado de receção (endereço 18h)

R/W-0	R/W-0	R/W-0	R/W-0	R/W-0	R-0	R-0	R-x
SPEN	RX9	SREN	CREN	ADDEN	FERR	OERR	RX9D
›it 7							bit

bit 7 **SPEN:** Bit de ativação da porta série

1 = Porta série activada (configura os pinos RC7/RX/DT e RC6/TX/CK como pinos da porta série)

0 = Porta série desactivada

bit 6 **RX9**: Bit de ativação de receção de 9 bits

1 = Seleciona a receção de 9 bits

0 = Seleciona a receção de 8 bits

bit 5 **SREN**: Bit de ativação de receção única

Modo assíncrono: Não importa

Modo síncrono - mestre:

1 = Ativa a receção única

0 = Desactiva a receção única

Este bit é apagado após a receção estar concluída.

Modo síncrono - escravo: Não importa

bit 4 **CREN**: Bit de ativação da receção contínua

Modo assíncrono:

1 = Ativa a receção contínua

0 = Desactiva a receção contínua

Modo síncrono:

1 = Ativa a receção contínua até que o bit de ativação CREN seja apagado (CREN sobrepõe-se a SREN)

0 = Desactiva a receção contínua

bit 2 **FERR**: Bit de erro de enquadramento

1 = Erro de enquadramento (pode ser atualizado lendo o registo RCREG e recebendo o próximo byte válido) 0 = Sem erro de enquadramento

bit 1 **OERR**: Bit de erro de ultrapassagem

1 = Erro de excesso (pode ser eliminado limpando o bit CREN)

0 = Não há erro de excesso

bit 0 **RX9D:** 9º bit de dados recebidos (pode ser um bit de paridade, mas deve ser calculado pelo firmware do utilizador)

Gerador de taxa de transmissão USART (BRG):

O BRG suporta os modos Assíncrono e Síncrono da USART. É um gerador de taxa de transmissão de 8 bits dedicado. O registo SPBRG controla o período de um temporizador de 8 bits de funcionamento livre. No modo Assíncrono, o bit BRGH (TXSTA<2>) também controla a taxa de transmissão. A tabela mostra a fórmula para o cálculo da taxa de transmissão para diferentes modos USART que só se aplicam no modo Mestre (relógio interno). Dada a taxa de baud desejada e o FOSC, o valor inteiro mais próximo para o registo SPBRG pode ser calculado utilizando a fórmula da Tabela. A partir daí, o erro na taxa de baud pode ser determinado. Pode ser vantajoso usar a taxa de baud alta (BRGH = 1), mesmo para baud clocks mais lentos. Isso ocorre porque a equação FOSC/(16(X + 1)) pode reduzir o erro de taxa de baud em alguns casos. Escrever um novo valor no registo SPBRG faz com que o temporizador BRG seja reiniciado (ou limpo). Isso garante que o BRG não espere por um estouro do temporizador antes de emitir a nova taxa de baud.

Taxas de transmissão para o modo assíncrono (BRGH = 0)

Fosc = 10 MHz		
KBAUD	% ERROR	SPBRG value (decimal)
-	-	-
1.202	0.17	129
2.404	0.17	64
9.766	1.73	15
19.531	1.72	7
31.250	8.51	4
31.250	6.99	4
52.083	9.58	2
0.610	-	255
156.250	-	0

Taxas de transmissão para o modo assíncrono (BRGH = 1)

Fosc = 10 MHz		
KBAUD	% ERROR	SPBRG value (decimal)
-	-	-
-	-	-
2.441	1.71	255
9.615	0.16	64
19.531	1.72	31
28.409	1.36	21
32.895	2.10	18
56.818	1.36	10
2.441	-	255
625.000	-	0

Modo assíncrono USART

Neste modo, a USART utiliza o formato standard de não retorno a zero (NRZ) (um bit START, oito ou nove bits de dados e um bit STOP). O formato de dados mais comum é de 8 bits. Um gerador de taxa de transmissão de 8 bits dedicado no chip pode ser usado para derivar frequências de taxa de transmissão padrão do oscilador. A USART transmite e recebe o LSb primeiro. O transmissor e o recetor são funcionalmente independentes, mas usam o mesmo formato de dados e taxa de transmissão. O gerador de baud rate produz um relógio, x16 ou x64 do bit shift rate, dependendo do bit BRGH (TXSTA<2>). A paridade não é suportada pelo hardware, mas pode ser implementada em software (e armazenada como o nono bit de dados).

O modo assíncrono é interrompido durante SLEEP. O modo assíncrono é selecionado limpando o bit SYNC (TXSTA<4>). O módulo assíncrono USART é constituído pelos seguintes elementos importantes:

- Gerador de taxa de transmissão
- Circuito de amostragem
- Transmissor assíncrono
- Recetor assíncrono

Transmissor assíncrono USART

O coração do transmissor é o registo de deslocação (série) de transmissão (TSR). O registo de deslocação obtém os seus dados a partir do buffer de transmissão de leitura/escrita, TXREG. O registo TXREG é carregado com dados em software. O registo TSR não é carregado até que o bit STOP tenha sido transmitido a partir da carga anterior. Assim que o bit STOP é transmitido, o TSR é carregado com novos dados do registo TXREG (se disponível). Uma vez que o registo TXREG transfere os dados para o registo TSR (ocorre num TCY), o registo TXREG fica vazio e o bit de sinalização TXIF (PIR1<4>) é definido. Esta interrupção pode ser activada/desactivada definindo/apagando o bit de ativação TXIE (PIE1<4>). O bit de sinalização TXIF será definido, independentemente do estado do bit de ativação TXIE e não pode ser apagado por software. Só será reposto quando forem carregados novos dados no registo TXREG. Enquanto o bit de bandeira TXIF indica o estado do registo TXREG, outro bit TRMT (TXSTA<1>) mostra o estado do registo TSR.

O bit de estado TRMT é um bit só de leitura, que é definido quando o registo TSR está vazio. Não está ligada a este bit qualquer lógica de interrupção, pelo que o utilizador tem de sondar este bit para determinar se o registo TSR está vazio. A transmissão é activada através da definição do bit de ativação TXEN (TXSTA<5>). A transmissão real não ocorrerá até que o registo TXREG tenha sido carregado com dados e o gerador de velocidade de transmissão (BRG) tenha produzido um relógio de deslocamento. A transmissão também pode ser iniciada carregando primeiro o registo TXREG e, em seguida, definindo o bit de ativação TXEN. Normalmente, quando a transmissão é iniciada pela primeira vez, o registo TSR está vazio. Nesse momento, a transferência para o registo TXREG resultará numa transferência imediata para o TSR, dando origem a um TXREG vazio. A eliminação do bit de ativação TXEN durante uma transmissão fará com que a transmissão seja abortada e reiniciará o transmissor.

Como resultado, o pino RC6/TX/CK reverterá para alta impedância. Para selecionar a transmissão de 9 bits, o bit de transmissão TX9 (TXSTA<6>) deve ser definido e o nono bit deve ser escrito em TX9D (TXSTA<0>). O nono bit deve ser escrito antes de escrever os dados de 8 bits no registo TXREG. Isto porque uma escrita de dados no registo TXREG pode resultar numa transferência imediata dos dados para o registo TSR (se o TSR estiver vazio). Nesse caso, um nono bit de dados incorreto pode ser carregado no registo TSR.

Ao configurar uma transmissão assíncrona, siga estes passos

1. Inicializar o registo SPBRG para a taxa de baud apropriada. Se for desejada uma taxa de transmissão de alta velocidade, defina o bit BRGH.
2. Ativar a porta série assíncrona eliminando o bit SYNC e definindo o bit SPEN.
3. Se forem desejadas interrupções, definir o bit de ativação TXIE.
4. Se se pretender uma transmissão de 9 bits, definir o bit de transmissão TX9.
5. Ativar a transmissão definindo o bit TXEN, que também definirá o bit TXIF.
6. Se for selecionada a transmissão de 9 bits, o nono bit deve ser carregado no bit TX9D.
7. Carregar dados para o registo TXREG (inicia a transmissão).
8. Se utilizar interrupções, certifique-se de que GIE e PEIE (bits 7 e 6) do registo INTCON estão definidos.

Recetor assíncrono USART

Os dados são recebidos no pino RC7/RX/DT e accionam o bloco de recuperação de dados. O bloco de recuperação de dados é, de facto, um shifter de alta velocidade, que funciona a x16 vezes a taxa de transmissão; enquanto que o shifter série de receção principal funciona à taxa de bits ou a FOSC. Uma vez selecionado o modo assíncrono, a receção é activada através da definição do bit CREN (RCSTA<4>). O coração do recetor é o registo de deslocação (série) de receção (RSR). Após a amostragem do bit STOP, os dados recebidos no RSR são transferidos para o registo RCREG (se este estiver vazio). Se a transferência estiver completa, o bit de sinalização RCIF (PIR1<5>) é definido. A interrupção efectiva pode ser activada/desactivada definindo/apagando o bit de ativação RCIE (PIE1<5>). O bit de sinalização RCIF é um bit só de leitura, que é apagado pelo hardware. É apagado quando o registo RCREG tiver sido lido e estiver vazio.

Se o registo RCREG ainda estiver cheio, o bit de erro de sobreposição OERR (RCSTA<1>) será definido. A palavra no RSR será perdida. O registo RCREG pode ser lido duas vezes para recuperar os dois bytes no FIFO. O bit de overrun OERR tem de ser apagado por software. Isto é feito reiniciando a lógica de receção (CREN é apagado e depois definido). Se o bit OERR estiver definido, as transferências do registo RSR para o registo RCREG são inibidas e não serão recebidos mais dados. Portanto, é essencial limpar o bit de erro OERR se ele estiver definido. O bit de erro de enquadramento FERR (RCSTA<2>) é definido se um bit STOP for detectado como claro. O bit FERR e o 9º bit de receção são armazenados em buffer da mesma forma que os dados de receção. A leitura do RCREG carrega os bits RX9D e FERR com novos valores, pelo que é essencial que o utilizador leia o registo RCSTA antes de ler o registo RCREG para não perder a informação antiga FERR e RX9D.

Módulo conversor analógico-digital (A/D)

O módulo conversor analógico-digital (A/D) tem cinco entradas para os dispositivos de 28 pinos e oito para os outros dispositivos. A conversão A/D do sinal de entrada analógico resulta num número digital correspondente de 10 bits. O conversor A/D tem a caraterística única de poder funcionar enquanto o dispositivo está no modo SLEEP. Para operar em SLEEP, o relógio A/D deve ser derivado do oscilador RC interno do A/D. O módulo A/D tem quatro registos. Estes registos são:

- Registo Superior de Resultados A/D (ADRESH)
- Registo inferior de resultados A/D (ADRESL)
- Registo de controlo A/DO (ADCON0)
- Registo de controlo A/D1 (ADCON1)

O registo ADCON0, apresentado no Registo 11-1, controla o funcionamento do módulo A/D. O registo ADCON1, mostrado no Registo 11-2, configura as funções dos pinos da porta. Os pinos da porta podem ser configurados como entradas analógicas (RA3 também pode ser a referência de tensão), ou como E/S digitais. Podem ser encontradas informações adicionais sobre a utilização do módulo A/D no PICmicro™ Mid-Range MCU Family Reference Manual (DS33023).

Registo 11-1: Registo ADCON0 (Endereço: 1Fh)

R/W-0	R/W-0	R/W-0	R/W-0	R/W-0	R/W-0	U-0	R/W-0
ADCS1	ADCS0	CHS2	CHS1	CHS0	GO/$\overline{DONE}$	—	ADON
it 7							bit (

bit 7-6 ADCS1:ADCS0: Bits de seleção do relógio de conversão A/D

00 = FOSC/2

01 = FOSC/8

10 = FOSC/32

11 = FRC (relógio derivado do oscilador RC interno do módulo A/D)

bit 5-3 CHS2:CHS0: Bits de seleção de canal analógico

000 = canal 0, (RA0/AN0)

001 = canal 1, (RA1/AN1)

010 = canal 2, (RA2/AN2)

011 = canal 3, (RA3/AN3)

100 = canal 4, (RA5/AN4)

101 = canal 5, (RE0/AN5)(1)

110 = canal 6, (RE1/AN6)(1)

111 = canal 7, (RE2/AN7)(1)

bit 2 GO/DONE: Bit de estado da conversão A/D

Se ADON = 1:

1 = Conversão A/D em curso (a definição deste bit inicia a conversão A/D)

0 = Conversão A/D não em curso (este bit é automaticamente apagado pelo hardware quando a conversão A/D está completa)

bit 1 Não implementado: Lido como '0'

bit 0 ADON: Bit de ligação A/D

1 = O módulo conversor A/D está a funcionar

0 = O módulo conversor A/D está desligado e não consome corrente de funcionamento

Registo 11-2: Registo ADCON1 (Endereço 9Fh)

U-0	U-0	R/W-0	U-0	R/W-0	R/W-0	R/W-0	R/W-0
ADFM	—	—	—	PCFG3	PCFG2	PCFG1	PCFG0
bit 7							bit 0

bit 7 ADFM: Bit de seleção do formato do resultado A/D

1 = Justificado à direita. 6 Os bits mais significativos de ADRESH são lidos como '0'.

0 = Justificado à esquerda. 6 Os bits menos significativos de ADRESL são lidos como '0'.

bit 6-4 Não implementado: Lido como '0'

bit 3-0 PCFG3:PCFG0: Bits de controlo da configuração do porto A/D:

Estes passos devem ser seguidos para efetuar uma conversão A/D:

1. Configurar o módulo A/D:

- Configurar os pinos analógicos/referência de tensão e E/S digitais (ADCON1)
- Selecionar o canal de entrada A/D (ADCON0)
- Selecionar relógio de conversão A/D (ADCON0)
- Ligar o módulo A/D (ADCON0)

2. Configurar a interrupção A/D (se pretendido):

- Limpar bit ADIF
- Definir bit ADIE
- Definir bit PEIE
- Definir bit GIE

3. Aguardar o tempo de aquisição necessário.

4. Iniciar a conversão:

- Definir o bit GO/DONE (ADCON0)

5. Aguardar que a conversão A/D seja concluída:

- Sondagem para que o bit GO/DONE seja apagado (com as interrupções activadas); OU
- À espera da interrupção A/D

6. Ler o par de registos de resultados A/D (ADRESH:ADRESL), limpar o bit ADIF se necessário.

7. Para a conversão seguinte, passar ao passo 1 ou ao passo 2, conforme necessário. O tempo de conversão A/D por bit é definido como TAD. É necessária uma espera mínima de 2TAD antes de se iniciar a aquisição seguinte.

Reiniciar

O PIC16F87X distingue entre vários tipos de RESET:

- Reposição de energia (POR)
- MCLR Reposição durante o funcionamento normal
- Reposição de MCLR durante SLEEP
- Reposição do WDT (durante o funcionamento normal)

- WDT Despertar (durante SLEEP)
- Reposição de Brown-out (BOR)

Alguns registos não são afectados em qualquer condição de RESET. O seu estado é desconhecido em POR e inalterado em qualquer outro RESET. A maior parte dos outros registos são repostos num "estado RESET" no Power-on Reset (POR), durante o SLEEP,

Interrupções

A família PIC16F87X tem até 14 fontes de interrupção. O registo de controlo de interrupções (INTCON) regista os pedidos de interrupção individuais em bits de sinalização. Também tem bits de ativação de interrupção individuais e globais. Um bit de ativação de interrupção global, GIE (INTCON<7>) ativa (se definido) todas as interrupções não mascaradas ou desactiva (se apagado) todas as interrupções. Quando o bit GIE está ativado e o bit de sinalização e o bit de máscara de uma interrupção estão definidos, a interrupção será imediatamente vectorizada. As interrupções individuais podem ser desactivadas através dos seus bits de ativação correspondentes em vários registos. Os bits de interrupção individuais são definidos, independentemente do estado do bit GIE.

O bit GIE é apagado com o RESET. A instrução "regresso da interrupção", RETFIE, sai da rotina de interrupção, bem como define o bit GIE, que reactiva as interrupções. A interrupção do pino RB0/INT, a interrupção de alteração da porta RB e as bandeiras de interrupção de estouro de TMR0 estão contidas no registo INTCON. As bandeiras de interrupção de periféricos estão contidas nos registos de funções especiais, PIR1 e PIR2. Os bits de habilitação de interrupção correspondentes estão contidos nos registos de função especial, PIE1 e PIE2, e o bit de habilitação de interrupção periférica está contido no registo de função especial INTCON.

Quando uma interrupção é respondida, o bit GIE é apagado para desativar qualquer outra interrupção, o endereço de retorno é colocado na pilha e o PC é carregado com 0004h.

Uma vez na Rotina de Serviço de Interrupção, a(s) fonte(s) da interrupção pode(m) ser determinada(s) através da sondagem dos bits do sinalizador de interrupção. O(s) bit(s) de sinalização de interrupção deve(m) ser apagado(s) no software antes de reativar as interrupções para evitar interrupções recursivas. Para eventos de interrupção externos, como a interrupção de mudança do pino INT ou PORTB, a latência da interrupção será de três ou quatro ciclos de instrução. A latência exacta depende de quando ocorre o evento de interrupção. A latência é a mesma para instruções de um ou dois ciclos. Os bits de sinalização de interrupção individuais são definidos, independentemente do estado do bit de máscara correspondente, do bit PEIE ou do bit GIE.

3.4.2 Interfaces

Circuito de condicionamento de sinal para ECG

O circuito de condicionamento do sinal para ECG é o apresentado na figura 3.4.

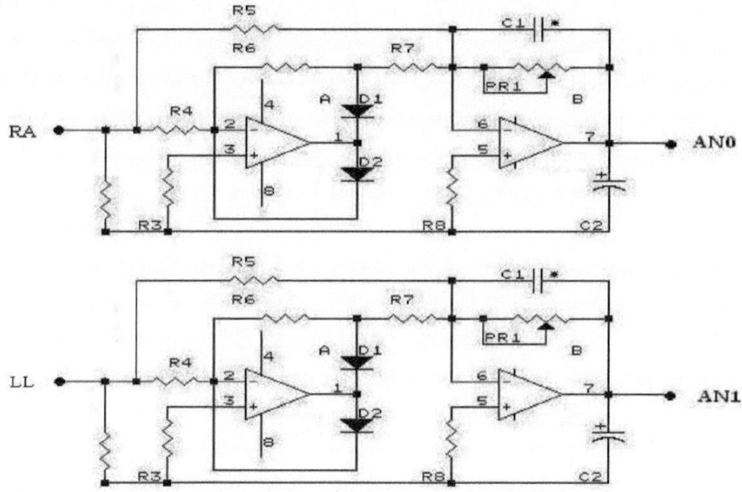

Figura 3.5 Circuito de condicionamento de sinal para ECG

Para amplificar 20mV do transdutor para 5V, foi projetado um amplificador de instrumentação de dois estágios com um ganho global de 250.

$$Af = A1 * A2 = \frac{OUTPUT}{INPUT} = \frac{5000}{20} = 250$$

Suponhamos que A2 =10 , então A1 = $\underline{250}$ = 25

Considerações sobre o projeto do OP-AMP -1

Entrada = pico de 20mV

Saída = 500 mV de pico

Condições: desvio zero

saída filtrada

Modo: uma entrada do termistor

uma entrada de zero circuito adjacente

Necessidade de ajuste do span

Em geral, a saída do termistor não terá sempre um valor constante. Os circuitos de ajuste necessários devem ser fornecidos para manter todas as saídas constantes. Um potenciómetro de 10KΩ em série com uma resistência de 33KΩ proporciona um ganho entre 20 e 30. Para obter um ganho preciso de

25, o potenciómetro de amplitude pode ser ajustado. O span em instrumentação é chamado de ponto de operação máximo ou limiar superior.

O ajuste de zero é necessário para eliminar erros de balanceamento e erros de compensação do amplificador operacional. Duas resistências de 56KΩ são ligadas de extremidade a extremidade através de um potenciómetro multivoltas de 2KΩ às alimentações de +12V e -12V, de modo a obter +600mV a -600 mV através do potenciómetro. Este potenciómetro pode ser ajustado para compensação. Os seguintes erros podem ser resolvidos com este potenciómetro.

- Desvio de entrada de A1.
- Desvio de saída de A1.
- Desvio de entrada de A2.
- Desvio de saída de A2.
- Remuneração do chefe de fila.

O ganho do circuito de ajuste de zero é unitário devido ao ajuste fino necessário para esta operação.

Necessidade de compensação

Mesmo que os desvios de entrada-saída sejam ajustados, deve ser fornecida uma compensação para o desvio do IC 741 também de acordo com a condição padrão do 741 (Semi Condutor Nacional).

Filtragem

São utilizados dois tipos de filtros.

- Filtro integrador
- Filtro passa-baixo.

Em geral, os filtros integrativos são filtros de alta velocidade com a taxa de descarga mais rápida, como os sinais de varrimento. Isto proporciona uma filtragem de ruído de alta velocidade e diferentes níveis de harmónicas e proporciona uma saída clara e sem ruído, mas com uma frequência constante de aproximadamente 100 Hz, que pode ser detida utilizando um filtro passa-baixo.

Foi concebido um filtro passa-baixo com um valor de capacitância de 10μF. É suficiente para travar o sinal de 100 Hz e produzir um sinal de 0 Hz.

Nesta fase, a saída do 741 é livre de ruído, de ondulação e constante se a entrada for constante.

Necessidade de OP-AMP-2

Isto serve para duas operações

- Mudador de sinais
- X 10 Amplificadores.

Na fase anterior, o IC 741 é utilizado como um amplificador inversor cuja saída será sempre negativa, o que não pode ser utilizado pelo ADC. Utilizando A2 é efectuada mais uma inversão para obter um sinal positivo com uma amplificação de 10 vezes.

Ganho do amplificador de inversão = -Rf / Rin

Em que R_{in} = 10 K

R_f = 100 K

Ganho = -100/10 = -10

Necessidade de resistência de limitação de corrente (R7)

A saída do LM 324 é dada ao ADC para conversão, que sai da placa de processamento de sinal. Devido a um manuseamento incorreto ou a uma falha do ADC, este pode entrar em curto-circuito com a terra e, consequentemente, o amplificador A2 pode falhar. Para evitar isto, é utilizada uma resistência limitadora de corrente de 1 KΩ. Mesmo em caso de curto-circuito, a corrente de saída não excederá mais de 5 mA, o que fará com que A2 falhe.

Necessidade de divisão de ganhos

A tensão líquida de entrada do termistor é de 20 mV. A amplificação de 250 vezes utilizando um único amplificador pode não produzir bons resultados. Por esta razão, o primeiro estágio foi concebido para um fator de amplificação de 10 como constante e o segundo estágio com 25 como variável, o que permite um ajuste fácil.

Amplificador de inversão como entrada

Na prática, o amplificador inversor conduz a sua saída a partir de uma fonte negativa, que é uma fonte de referência sem perturbações para todo o circuito. O amplificador inversor fornece uma saída constante se a entrada for constante.

Na alimentação negativa não estão ligados dispositivos activos. Por esta razão, selecionámos o amplificador de inversão como amplificador prévio. A rede divisora é fornecida ao circuito de processamento do sinal para posterior manipulação do processo.

Interface do módulo de temperatura

Em geral, para obter um O/P claro e constante em relação à variação da entrada, é necessário dispor de consumíveis de baixa potência. Se a sensibilidade à corrente for mais baixa, o termistor terá um melhor desempenho. Devido às razões acima referidas, os circuitos do termistor são construídos para produzir baixos mili volts que podem ser amplificados para tensões mais elevadas. Caso contrário, o termístor tentará obter uma tensão O/P elevada, provocando o auto-aquecimento do dispositivo. O auto-aquecimento significa que uma grande corrente flui através do termístor, criando calor no mesmo sem aceitar a temperatura do corpo. O circuito de temperatura é o apresentado na figura 3.5.

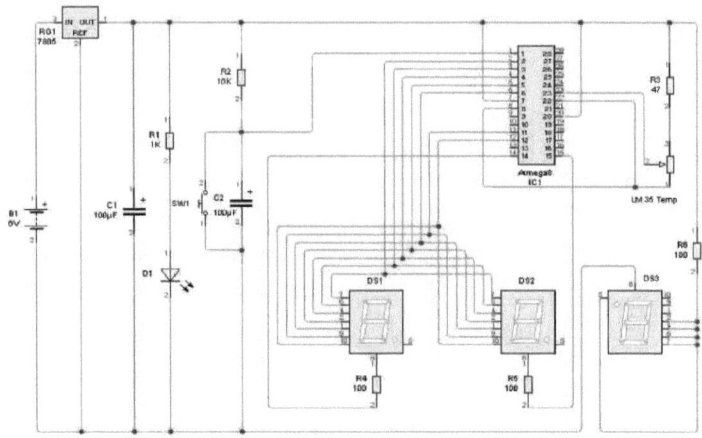

Figura 3.6 Ecrãs digitais de temperatura

A ação fenomenal do termistor é o auto-aquecimento devido à grande corrente que flui sobre ele e que é travada pelo circuito acima mencionado. Outro problema normal do termístor, chamado varrimento lento, não cria qualquer problema porque a temperatura do corpo não se altera drasticamente.

PR1, PR2, PR3, PR4 - Para ajustar o valor O/P do termistor.

TR1, TR2, TR3, TR4 - TERMISTOR 1KΩ a 10°C, 10 Ω a 225° C

R1- Resistência de carga.

C1- Supressor de alta frequência.

C2- LPF

SAÍDA - Para a entrada do condicionador de sinal.

(Potenciómetro de amplitude) (Ponto deslizante)

Conceção da fonte de alimentação

Neste circuito, a saída regulada de +12 V vem do CI 7812 e é regulada para +5 V com a ajuda do 7805, como mostra a figura 3.6.

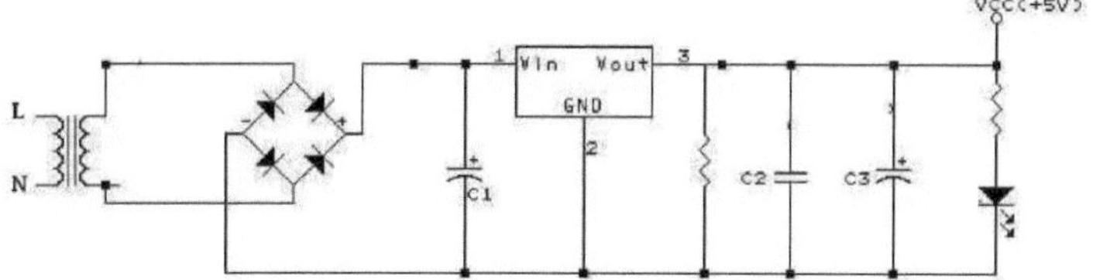

Figura 3.7 Circuito de alimentação eléctrica

Unidade de alimentação eléctrica

Como todos sabemos, qualquer invenção da mais recente tecnologia não pode ser activada sem uma fonte de energia. Por isso, neste mundo em rápida evolução, precisamos deliberadamente de uma fonte de energia adequada a um determinado requisito. Todos os componentes electrónicos, desde os díodos aos circuitos integrados da Intel, só funcionam com uma alimentação de corrente contínua que varia entre -+5v e -+12v. Para o efeito, utilizamos a fonte de energia mais barata e comummente disponível de 230v-50Hz e reduzimos, rectificamos, filtramos e regulamos a tensão. Isto será tratado brevemente nas secções seguintes.

Transformador abaixador

Quando a CA é aplicada ao enrolamento primário do transformador de potência, pode ser reduzida ou aumentada, dependendo do valor de CC necessário. No nosso circuito, o transformador de 230v/15-0-15v é utilizado para efetuar a operação de redução, em que uma CA de 230V aparece como uma CA de 15V através do enrolamento secundário. Uma alteração da entrada faz com que a parte superior do transformador seja positiva e a parte inferior negativa. A próxima alteração causará temporariamente o inverso. A corrente nominal do transformador utilizado no nosso projeto é de 2A. Para além de reduzir as tensões CA, permite o isolamento entre a fonte de alimentação e os circuitos de alimentação.

Unidade rectificadora

Na unidade de alimentação, a retificação é normalmente obtida utilizando um díodo de estado sólido. O díodo tem a propriedade de permitir que o eletrão flua facilmente numa direção em condições de polarização adequadas. Quando a corrente alternada é aplicada ao díodo, os electrões só fluem quando o ânodo e o cátodo são negativos. A inversão da polaridade da tensão não permite o fluxo de electrões.

Um circuito comummente utilizado para fornecer grandes quantidades de energia DC é o retificador em ponte. Um retificador em ponte de quatro díodos (4*IN4007) é utilizado para obter uma retificação de onda completa. Dois díodos conduzem durante o ciclo negativo e os outros dois conduzem durante o meio ciclo positivo. A tensão DC que aparece nos terminais de saída da ponte rectificadora será um pouco inferior a 90% do valor rms aplicado. Normalmente, uma alteração da tensão de entrada inverterá as polaridades. Por conseguinte, as extremidades opostas do transformador estarão sempre 180 graus fora de fase uma da outra.

Para um ciclo positivo, dois díodos são ligados à tensão positiva no enrolamento superior e apenas um díodo conduz. Ao mesmo tempo, um dos outros dois díodos conduz para a tensão negativa que é aplicada a partir do enrolamento inferior devido à polarização para a frente desse díodo. Neste circuito, devido ao meio ciclo positivo, D1 e D2 conduzirão para dar 10,8 V de CC pulsante. A saída DC tem uma frequência de ondulação de 100Hz. Uma vez que cada alteração produz um impulso de saída resultante, a frequência = 2*50 Hz. A saída obtida não é uma corrente contínua pura, pelo que é necessário efetuar uma filtragem.

Unidade de filtragem

Os circuitos de filtragem, que são normalmente condensadores que actuam como para-raios, seguem sempre a unidade rectificadora. Este condensador, também designado por condensador de desacoplamento ou condensador de derivação, é utilizado não só para "curto-circuitar" a ondulação com uma frequência de 120 Hz para a terra, mas também para deixar a frequência da corrente contínua aparecer na saída. Uma resistência de carga R1 é ligada de modo a manter uma referência à terra. C1R1 serve para contornar as ondulações. C2R2 é usado como um filtro passa-baixo, ou seja, passa apenas sinais de baixa frequência e ignora sinais de alta frequência. A resistência de carga deve ser de 1% a 2,5% da carga.

1000∞ f/25v	para a redução das ondulações da pulsação.
10 f/25v∞	para manter a estabilidade da tensão no lado da carga.
O, 1∞	para contornar as perturbações de alta frequência.

Reguladores de tensão

Os reguladores de tensão desempenham um papel importante em qualquer fonte de alimentação. O principal objetivo de um regulador é ajudar o retificador e o circuito de filtragem a fornecer uma tensão CC constante ao dispositivo. As fontes de alimentação sem reguladores têm o problema inerente de alterar os valores da tensão CC devido a variações na carga ou devido a flutuações na tensão de alimentação CA. Com um regulador ligado à saída CC, a tensão pode ser mantida dentro de uma região tolerante próxima da saída desejada. O IC7812 e o 7912 são utilizados neste projeto para fornecer +12v e -12v de alimentação CC. Especificações:

ENTRADA DO TRANSFORMADOR = 230V / 15-0 - 15 Rosca central.

TENSÃO DE SAÍDA DO RECTIFICADOR = (15 - 14)* 2

= 13.6 * 2

= 20V aprox.

SAÍDA DO 7812 = +12V

SAÍDA DO 7912 = -12V

R_L destina-se a evitar a falha da barreira do dispositivo de díodos

C_3 e C_4 destinam-se a contornar as harmónicas e os transitórios eléctricos.

C_5 e C_6 destinam-se a criar estabilidade no circuito.

O circuito acima fornece +12V e -12V constantes e sem ondulações para a fonte de alimentação do amplificador operacional. C_1 e C_2 destinam-se a evitar ondulações de 100 Hz (filtragem).

As resistências R1 e R2 mantêm a regulação da carga da linha.

Normas RS232

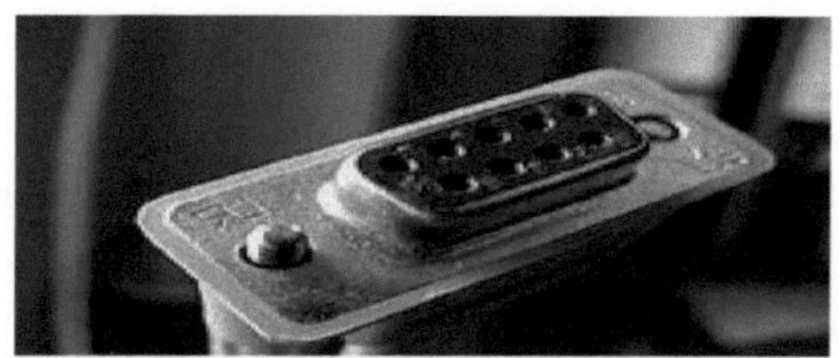

Figura 3.8 Standers recomendados 232 (RS-232)

- A RS-232 é uma norma para a ligação de sinais de dados binários em série entre um DTE (equipamento terminal de dados) e um DCE (equipamento de terminação de circuitos de dados). É normalmente utilizada em portas de série de computadores.
- A comunicação, tal como definida na norma RS232, é um método de comunicação em série assíncrono.
- Norma para a transferência de caracteres através de fios de cobre.
- Produzido pela EIA.
- O nome completo é RS-232-C.
- O RS-232-C define a comunicação em série, assíncrona.
- Série - os bits são codificados e transmitidos um de cada vez.
- Assíncrono - os caracteres podem ser enviados em qualquer altura e os bits não são sincronizados

individualmente.

Fluxos de bits RS232

• A informação é enviada bit a bit num canal físico. A informação deve ser dividida em palavras de dados.

• Os bits de dados são enviados com uma frequência predefinida, a *taxa de transmissão.* Após a receção do primeiro bit, o recetor calcula os momentos em que os outros bits de dados serão recebidos. Para isso, verifica os níveis de tensão da linha nesses momentos.

• Com o RS232, o nível de tensão de linha pode ter dois estados. O estado ligado é também conhecido como *marca,* o estado desligado como *espaço.* Não são possíveis outros estados de linha. Quando a linha está inativa, é mantida no estado de marca.

• Start bit:- Este é um bit de atenção e é sempre identificado pelo nível da linha de espaço.

• Bits de dados:-Diretamente a seguir ao bit de início, são enviados os *bits de dados.* Um valor de bit 1 faz com que a linha entre em estado de marca; o valor de bit 0 é representado por um espaço.

• Bit de paridade: - Para a deteção de erros, é possível acrescentar automaticamente um bit suplementar à palavra de dados. O emissor calcula o valor do bit. O recetor efectua o mesmo cálculo e verifica se o valor real *do bit de paridade* corresponde ao valor calculado.

- Bits de paragem: - O bit de início tem sempre valor de espaço, o bit de paragem tem sempre valor de marca. Se o recetor detetar um valor diferente de mark quando o bit de paragem deveria estar presente na linha, sabe que há uma falha de sincronização.

3.5IMPLEMENTAÇÃO DE SOFTWARE

Programação do PIC 16F877

O PIC tem apenas 35 instruções de palavra única. O conjunto de instruções é altamente ortogonal e está agrupado em três categorias básicas: orientadas para bytes, orientadas para bits e operações literais e de controlo. Cada instrução é uma palavra de 14 bits dividida num código de operação que especifica o tipo de instrução e um ou mais operandos que especificam a operação da instrução. Todas as instruções são executadas num único ciclo de instrução, a menos que um teste condicional seja verdadeiro ou que o contador de programa seja alterado como resultado de uma instrução. Neste caso, a execução demora dois ciclos de instrução, sendo o segundo ciclo executado como um NOP.

O seguinte modo de operações está programado no microcontrolador PIC modo1- Inicialização de todas as portas modo2-Inicialização analógica, modo3-Leitura digital, modo4-Leitura analógica 5Escrita analógica.

Por exemplo:

Inicialização da PORTA

ESTADO BCF, RP0 ;

CLRF PORTA ; Inicializa o PORTA limpando os trincos de dados de saída

BSF STATUS, RP0 ; Selecionar banco 1

MOVLW 0xCF ; Valor utilizado para inicializar a direção dos dados

MOVWF TRISA ; Definir RA<3:0> como entradas RA<5:4> como saídas TRISA<7:6> são sempre lidos como '0'.

Inicialização do PORTB

ESTADO BCF, RP0 ;

CLRF PORTB ; Inicializa PORTB limpando as travas de dados de saída

BSF STATUS, RP0 ; Selecionar banco 1

MOVLW 0xCF ; Valor utilizado para inicializar a direção dos dados

MOVWF TRISB ; Definir RB<3:0> como entradas RB<5:4> como saídas RB<7:6> como entradas

Inicialização do PORTC

BCF STATUS, RP0 ; Selecionar banco 0

CLRF PORTC ; Inicializar PORTC limpando as travas de dados de saída

BSF STATUS, RP0 ; Selecionar banco 1

MOVLW 0xCF ; Valor utilizado para inicializar a direção dos dados

MOVWF TRISC ; Definir RC<3:0> como entradas RC<5:4> como saídas RC<7:6> como entradas

Realização de uma conversão A/D

BCF PIR1, ADIF ;Apagar sinalizador A/D Int

BSF STATUS, RP0 ;Selecionar página 1

CLRF ADCON1 ;Configurar entradas A/D

BSF PIE1, ADIE ;Ativar interrupção A/D

BCF STATUS, RP0 ;Selecionar página 0

MOVLW 0xC1 ;Relógio RC, A/D está ligado Ch 0 está selecionado

```
MOVWF ADCON0 ;
BSF INTCON, PEIE ;Ativar periférico
BSF INTCON, GIE; Ativar todas as interrupções;
```

Assegure-se de que o tempo de amostragem necessário para o canal de entrada selecionado tenha decorrido. De seguida, a conversão pode ser iniciada.

```
BSF ADCON0, GO; Inicia a conversão A/D.
```

O bit ADIF será definido e o bit GO/DONE será apagado após a conclusão da conversão A/D.

Os microcontroladores PIC são suportados por uma gama completa de ferramentas de desenvolvimento de hardware e software. O dispositivo PIC 16F877 utilizado é fornecido numa embalagem de 40 pinos. Para comunicar com o PIC, estamos a utilizar a porta RS-232 do computador. Por isso, temos de inicializar a porta antes de a utilizar. Para inicializar e comunicar com o PIC, o ficheiro COM.C define e utiliza várias funções. As funções e as suas definições são apresentadas de seguida.

Programar o Atmega8

O ATmega8 contém 8K bytes de memória Flash Reprogramável no Sistema para armazenamento de programas. Como todas as instruções do AVR têm 16 ou 32 bits de largura, a Flash está organizada em 4K x 16 bits. Para segurança do software, o espaço da memória de programa Flash está dividido em duas secções, a secção de programa de arranque e a secção de programa de aplicação.

PORTO B

A porta B é uma porta E/S bidirecional de 8 bits com resistências pull-up internas (selecionadas para cada bit). Os buffers de saída da Porta B têm caraterísticas de acionamento simétricas com capacidade de fonte e de dissipação elevada. Como entradas, os pinos da porta B que são puxados externamente para baixo irão fornecer corrente se as resistências pull-up forem activadas. Os pinos da Porta B são tri-estacionados quando uma condição de reinicialização se torna ativa, mesmo que o relógio não esteja a funcionar. Dependendo das definições do fusível de seleção do relógio, PB6 pode ser utilizado como entrada para o amplificador do oscilador inversor e como entrada para o circuito de funcionamento do relógio interno. Dependendo das definições do fusível de seleção do relógio, PB7 pode ser utilizado como saída do amplificador do oscilador inversor.

A porta B é utilizada para a multiplexagem dos LEDs de sete segmentos através dos bits PB0-PB1.

PORTO D

A porta D é uma porta E/S bidirecional de 8 bits com resistências pull-up internas (selecionadas para cada bit). Os buffers de saída da Porta D têm caraterísticas de acionamento simétricas com capacidade de fonte e de dissipação elevada. Como entradas, os pinos da Porta D que são puxados externamente para baixo irão gerar corrente se as resistências pull-up forem activadas. Os pinos do Porto D são tri-estacionados quando uma condição de reinicialização se torna ativa, mesmo que o relógio não esteja a funcionar.

A porta D é utilizada para sinalizar os LEDs de sete segmentos através dos bits PD0-PD7.

ADC

O ATmega8 possui um ADC de aproximação sucessiva de 10 bits. O ADC está ligado a um Multiplexador Analógico de 8 canais que permite oito entradas de tensão de extremidade única construídas a partir dos pinos da Porta C. As entradas de tensão de extremidade única referem-se a 0V (GND). O ADC contém um circuito de amostragem e retenção que assegura que a tensão de entrada para o ADC é mantida a um nível constante durante a conversão.

Visual Basic como Front End

Há seis anos, a Microsoft Corporation lançou uma revolução na forma como as aplicações são criadas. Com o sistema de programação Visual Basic, pela primeira vez os programadores puderam desenvolver rapidamente aplicações baseadas no Windows. Como resultado, três milhões de programadores estão agora a criar aplicações com uma produtividade sem precedentes e uma facilidade inigualável, utilizando a tecnologia Visual Basic. As funcionalidades avançadas do Visual Basic 5.0, tais como a otimização da compilação de código nativo, a apresentação acelerada de formulários e o acesso melhorado a bases de dados, permitem aos programadores criar aplicações rápidas e de elevado desempenho e componentes . Se juntarmos a estas caraterísticas o novo ambiente de desenvolvimento personalizável com a tecnologia IntelliSense, os programadores trabalharão com uma produtividade ainda maior. O Visual Basic 5.0 também nos ajudará a transitar facilmente para novas fronteiras tecnológicas, como a Internet, sem abandonar as nossas actuais competências de código e desenvolvimento. Pode utilizar a tecnologia da Internet e da intranet criando Controlos ActiveX, implementando aplicações Visual Basic baseadas no browser como Documentos Activos, ou desenvolvendo a sua lógica empresarial baseada no cliente em componentes ActiveX do lado do servidor

3.6PROBLEMAS E SOLUÇÕES

Problemas

Foram enfrentados os seguintes problemas durante a execução do projeto.

1) Uma vez que a unidade de ECG é um dispositivo sensível, pode captar sinais eléctricos

indesejados, que podem modificar os sinais reais de ECG.

2) A interface entre o RS 232 e o PC estava defeituosa.

3) Dificuldade em indicar a temperatura do corpo devido à temperatura ambiente.

Remédios

1) Certifique-se de que o doente não toca nem entra em contacto com qualquer objeto metálico, como a grade da cama, o suporte da cama ou o mobiliário.

2) É utilizado um bom cabo de dados Rs-232 para uma interface correta.

3) Manter o termistor em contacto com o paciente de forma adequada.

3.7RESUMO

Este capítulo indica como é feito o processo de ECG e quais são os diferentes componentes utilizados no sistema e o capítulo seguinte apresenta os pormenores sobre os resultados experimentais.

CAPÍTULO 4

RESULTADOS EXPERIMENTAIS

O sistema é desenvolvido em Visual Basic 6.0 e a base de dados utilizada é dinâmica. A configuração do sistema é P-IV com 256 RAM e 2,8 GHz com monitor TFT de 17 polegadas.

O Visual Basic é uma aplicação muito poderosa, com muitas ferramentas. Neste projeto, a programação da comunicação em série é utilizada com a porta COM. Seguem-se os instantâneos dos projectos com os resultados da implementação da monitorização do ECG e da visualização da temperatura do corpo.

4.1CAPTURA DE ECRÃ DO SISTEMA DE TELEMEDICINA

A imagem do ecrã do sistema de telemedicina baseado num computador incorporado é apresentada a seguir.

4.1.1 Registo de ECG

As informações do doente são preenchidas no seguinte formulário, como mostra a figura 4.1

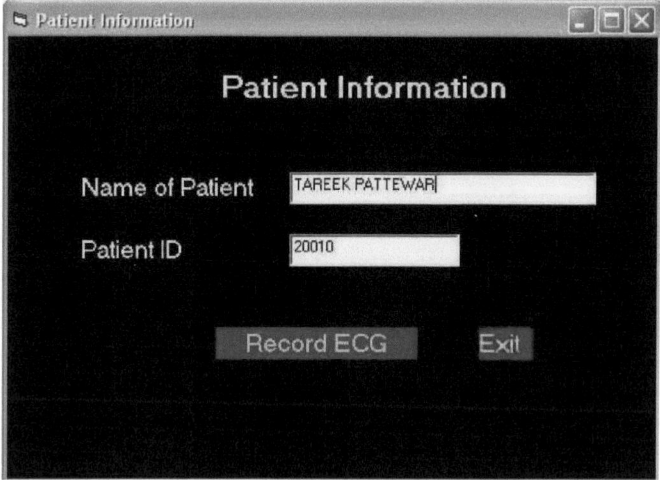

Figura 4.1 Inserir informações do doente

O segundo formulário apresenta o ecrã principal, onde é apresentado o ECG do doente, como mostra a figura 4.2

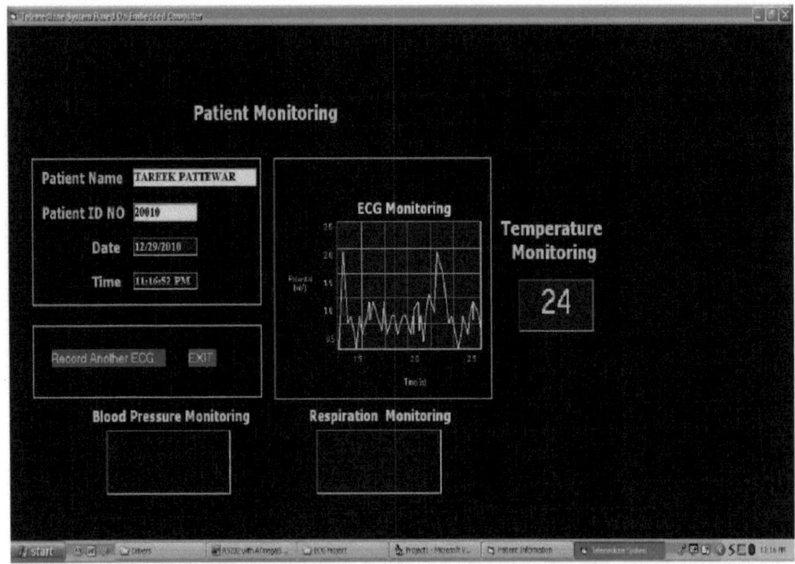

Figura 4.2 Registo do ECG do doente

4.1.2 Indicação da temperatura

Figura 4.2 Ecrã Temperatura do corpo

4.2RESULTADOS

Os resultados experimentais são apresentados a seguir para o tratamento regular do paciente, que é avaliado pelo eletrocardiógrafo e pela temperatura do corpo.

4.2.1 Eletrocardiógrafo

O gráfico de ECG abaixo é obtido através da ligação dos sensores de ECG, tal como mencionado na figura 1.

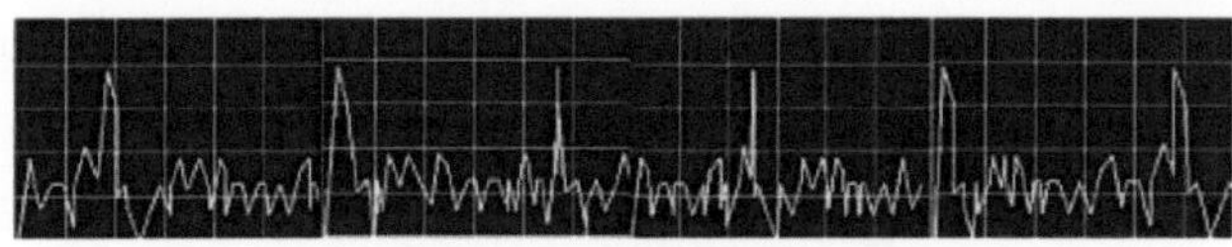

Figura 4.4 O eletrocardiograma do doente

4.2.2 Temperatura

A temperatura é medida através da ligação do sensor LM 35 ao corpo do paciente.

Figura 4.5 A temperatura do corpo

CAPÍTULO 5

CONCLUSÃO E TRABALHO FUTURO

O doente necessita de tratamento precoce a partir da sua própria casa ou de qualquer local remoto, conforme a sua conveniência. O sistema de telemedicina baseado em computador incorporado pode realmente promover o desenvolvimento do serviço médico através da telemonitorização de vários sinais biomédicos, como o eletrocardiograma, a pressão arterial, a respiração e a temperatura do doente. Dos quatro sinais biomédicos, consegui implementar com êxito a telemonitorização de dois sinais biomédicos a partir da secretária do médico, que são

> Eletrocardiógrafo

> Temperatura

O terminal de telemedicina está ligado à Internet para que os terminais possam não só monitorizar a informação biomédica, mas também transferir a informação do doente para análise. Esta melhoria é útil, porque a informação sobre o historial médico do doente pode ajudar o médico a estar consciente das circunstâncias do doente e a dar o tratamento exato. Talvez só quando estes problemas acima mencionados do atual sistema de telemedicina forem realmente resolvidos é que o sistema de telemedicina poderá prestar melhores serviços e cuidados de saúde aos doentes. O doente necessita de um tratamento precoce que lhe seja prestado a partir do seu domicílio ou de qualquer local remoto, de acordo com a sua conveniência.

Embora eu tenha alcançado muitos objectivos e tenham surgido muitos problemas que precisam de ser resolvidos. A futura melhoria do projeto, a tele-monitorização dos restantes sinais biomédicos, deve implementar os seguintes sinais.

> Pressão arterial

> Respiração

Os sinais biomédicos mencionados devem ser concebidos de forma a fornecerem sinais biomédicos adequados e a poderem ser facilmente telemonitorizados a partir da mesma secretária do médico. O sistema de telemedicina existente tem alguns inconvenientes devido aos artefactos que podem ser eliminados. É necessário um circuito de filtragem adicional para eliminar factores como o zumbido da rede eléctrica (50 Hz) e o eletromiograma (EMG), que podem interferir automaticamente com o registo do ECG.

O sensor de temperatura, ou seja, o termistor agora incluído, pode ser substituído por um bom sensor sem quaisquer desvantagens, porque o atual tem algumas desvantagens. Em vez de utilizar os sensores de temperatura tradicionais, podemos incorporar um sensor integrado de pressão e temperatura compatível com CMOS com uma saída PWM.

REFERÊNCIAS

[1]Hung K., Yuan-Ting Zhang. *"Implementation of a WAP-based telemedicine system for patient monitoring",* IEEE Transactions on Information Technology in Biomedicine, 2003;7:101-107

[2]E. Kyriacou, S. Pavlopoulos, A.Bourka, A.Berler, D.Koutsouris: *"Telemedicine in Emergency Care",* Processdings of the VI International conference on Medical Physics, Patras 99, Patra, Grécia, setembro de 1999.

[3]J.C. Lin, *"Applying telecommunication technology to health care delivery",* IEEE Eng. Med. Biol. Mag., Vol 18, pp.28-31, 1999

[4]H.K. Huang, *"PACS:Basic Principles and Applications".* Nova Iorque: wiley, 1999.

[5]M. Takizawa et al., *"The mobile hospital -An experimental telemedicine system for the early detection of disease",* J. Telemed. Telecare, vol. 4, no. 3, pp. 146-151, 1998.

[6]Zhenyu Guo, Moulder J.C. *"Um sistema de telemedicina baseado na Internet".* Actas da Conferência Internacional IEEE EMBS 2000 sobre Aplicações das Tecnologias da Informação em Biomedicina, 2000; 10:99-103

[7]Kyriacou E, Pavlopoulos S, Koutsouris D et al. *"Multipurpose health care telemedicine system",* 2001. Actas da 23ª Conferência Internacional Anual da Sociedade IEEE sobre Engenharia em Medicina e Biologia, 2001; 4:3544-3547

[8]Strode S, Gustke S, Allen A, *"Technical and Clinical Progress in Telemedicine"*, Journal of American Medical Association, 1999;281:1066-1068.

[9]R.S.Khandpur, *"Bio-Medical Instrumentation".*

[10] Dr. M. Arumugam, "Instrumentação Bio-Médica".

[11] Wilson Brawnwall, Isselbacher, Peterstrorf, "Princípios de Medicina Interna". (VOL I)

[12] Leslie Cromwell, Fred. J. Wejnbell, Erich. A. Pleiffer , "Instrumentação e medições biomédicas

[13] Roy Chowdary, "Linear Integrated Circuits",

[14] Manual de dados TTL de semicondutor nacional

[15] Manual do IBM PC - IBM Corporation

[16] Livro de dados lineares da Texas Corporation

[17] Tony Gardner-Medwin, "Eletrocardiograma prático (ECG)"

PUBLICAÇÕES

(Aceites / Apresentadas em Congressos Nacionais / Internacionais)

Os seguintes artigos foram publicados, aceites e apresentados nas Conferências Internacionais / Nacionais:

PAPEL-1:

T. M. Pattewar, Prof. Ms. R. W. Jasutkar, "Embedded Computer for Real Time Monitoring of Patients", Conferência Internacional sobre Sistemas de Sinais e Automação (ICSSA 2009) organizada pelo Departamento de Engenharia Eletrónica e de Comunicações, G H Patel College of Engineering & Technology, Vallabh Vidyanagar, Gujarat, Índia, 28-29 de dezembro de 2009.

PAPEL-2:

T. M. Pattewar, Prof. Ms. R. W. Jasutkar, "Efficient Residential Treatment of Heart Patients Through Embedded Computer", Conferência Internacional sobre Inovações em Engenharia: A Flip to Economic Development (ICEI2K10) organizada pelo Continental Group of Institutes, Jalvehra, N.H.1, Fatehgarh Sahib, Punjab, Norte da Índia, 18-20 de fevereiro de 2010.

PAPEL-3:

T. M. Pattewar, Prof. Ms. R. W. Jasutkar, "Telemedicine System Based on Embedded Computer", National Conference on (TECHMEET'10), Faizpur, Maharashtra, India, March 04-05, 2010. Página nº - 20.

Printed by Books on Demand GmbH, Norderstedt / Germany